Felix Ñusquam

_____

Bunte Finanzwelt

Felix Nusquam

Bunte Finanzwelt

Aphorismen + Zitate

Bibliografische Information der Deutschen Nationalbibliothek:
Die Deutsche Nationalbibliothek verzeichnet diese Publikation
in der Deutschen Nationalbibliografie; detaillierte bibliografische Daten sind im Internet über http://dnb.dnb.de abrufbar.

Es wird darauf verwiesen, dass alle Angaben in diesem Buch trotz sorgfältiger Bearbeitung ohne Gewähr erfolgen und eine Haftung des Autors oder des Verlages ausgeschlossen ist.

© 2015 Felix Nusquam

Herstellung und Verlag: BoD – Books on Demand, Norderstedt

ISBN: 9783739212098

Inhaltsverzeichnis

Vorwort   6

Aphorismen und Zitate   7

Personenregister   55

Quellennachweis   64

Vorwort

Die Finanzwelt ist ein hoch komplexes Gebilde und wird von allen Seiten gerne kommentiert, gelobt und kritisiert.

In diesem Buch sind Aphorismen (Sinnsprüche) und Zitate über diese „bunte" Finanzwelt gesammelt.

Viele Persönlichkeiten haben sich zu ihren Lebzeiten Gedanken gemacht sowie Erfahrungen in Worte gefasst. Viele Sprüche sind Lebensweisheiten und allgemein gültige Leitlinien.

Alle Aphorismen und Zitate sind älter als 70 Jahre und unterliegen nicht mehr dem Urheberrecht. Somit sind sie gemeinfrei und können bedenkenlos genutzt werden.

Damit ein Zitat sinnvoll zitiert werden kann, ist am Ende des Buches ein Personenregister angefügt. Neben den Lebensdaten sind auch einige Informationen über die Tätigkeiten der Person angeführt. Hinsichtlich der Lebensdaten gab es teilweise unterschiedliche Angaben aufgrund des julianischen und des gregorianischen Kalenders.

Wenn vierundzwanzig Leute eine Bank leiten wollen, dann ist das wie mit einem Mädchen, das vierundzwanzig Freier hat. Es heiratet sie keiner. Aber am Ende hat sie ein Kind!

Georg von Siemens

Wirf das Joch des Überflüssigen ab, werde reich ohne Geld, und du bist glücklich.

Fénélon

Wo es Banknoten gibt, finden sich auch stets nette Menschen.

Russisches Sprichwort

Wer der Meinung ist, dass man für Geld alles haben kann, gerät leicht in den Verdacht, dass er für Geld alles zu tun bereit ist.

Benjamin Franklin

Weder Sein noch Nichtsein,
sondern Ruhe oder Unruhe,
ist die große Frage der Börse.

Heinrich Heine

Gute Vorsätze sind Schecks,
auf eine Bank ausgestellt,
bei der man kein Konto hat.

Oscar Wilde

Der Kaufmann hat in der ganzen Welt dieselbe Religion. Sein Kontor ist seine Kirche, sein Schreibpult ist sein Beichtstuhl, sein Memorial ist seine Bibel, sein Warenlager ist sein Allerheiligstes, die Börsenglocke ist seine Betglocke, sein Gold ist sein Gott, der Kredit ist sein Glaube.

Heinrich Heine

Verdiene, soviel du kannst.
Spare, soviel du kannst.
Gib, soviel du kannst.

John Wesley

Eine Hypothek wirft einen Schatten auf das sonnigste Feld.

Robert Green Ingersoll

Im mittelalterlichen Venedig tätigten die Kaufleute ihre Geschäfte auf Bänken am Markt. Wurde ein Kaufmann zahlungsunfähig, dann suchten wütende Schuldner Gerechtigkeit, indem sie seine Bank zerbrachen und ihn so um sein Geschäft brachten. Daher der Begriff Bankrott, italienisch banca rotta = gebrochene Bank.

Italienische Redensart

Worte zahlen keine Schulden.

William Shakespeare

Keinem Menschen zu trauen,
mag wohl eine Regel der Sicherheit sein,
aber nicht der Redlichkeit.

Alexander Pope

Lächle!
Deine Gläubiger werden warten, weil sie glauben, es könnte dir nicht schlecht gehen. Deine Feinde werden dich meiden, weil sie glauben, du seiest ihnen überlegen. Der Arzt wird dir weniger berechnen, weil er denkt, du seiest nicht sehr krank gewesen.

Koreanische Redensart

Das Geld macht alles möglich.

Altes Testament

Wer Geld in seinen Taschen hat,
hat die in der Tasche,
die keines besitzen.

Leo Tolstoi

In der einen Hälfte des Lebens opfern wir unsere Gesundheit, um Geld zu erwerben. In der anderen Hälfte opfern wir Geld, um die Gesundheit wiederzuerlangen.

Voltaire

Der Tod nimmt kein Schmiergeld.

Englisches Sprichwort

Wer Geld in der Tasche hat, ist weise, sieht gut aus und kann sogar singen.

Jüdisches Sprichwort

Wenn du wissen willst,
was Gott über Geld denkt,
dann sieh dir die Menschen an,
denen er es gibt.

Irisches Sprichwort

Wer seine Frau und sein Geld allzu protzig zur Schau stellt, läuft Gefahr, sie ausleihen zu müssen.

Benjamin Franklin

Unter den Augen unserer Gesetzgeber haben sich die Aktiengesellschaften in organsierte Raub- und Betrugsanstalten verwandelt, deren geheime Geschichte mehr Niederträchtigkeit, Ehrlosigkeit und Schurkerei in sich birgt als manches Zuchthaus, nur dass die Diebe, Räuber und Betrüger hier statt in Eisen in Gold sitzen.

Rudolf von Ihering

Keiner kennt die Menschen so gut wie die Bettler, Beichtväter und Banker.

Georg Christoph Lichtenberg

Versicherung ist ein geniales modernes Glücksspiel, bei dem sich der Spieler der angenehmen Überzeugung hingeben darf, den Mann, der die Bank hält, zu schlagen.

Ambrose Gwinnett Bierce

Auf Kredit kaufen heißt, die Ernte des nächsten Jahres berauben.

Amerikanisches Sprichwort

Einen Teil sollst du ausgeben,
einen Teil sollst du weggeben,
einen Teil sollst du sparen.

Persisches Sprichwort

Ist ein Zahltag noch so fern,
er kommt dem Schuldner stets zu früh.

Sprichwort

Ich weiß kaum, was kläglicher ist:
In Schulden geraten oder jeden Mittag
Wassersuppe essen, um abends die Leute
mit Zuckerbrezeln bewirten zu können.

Annette von Droste-Hülshoff

Das einzige Mittel mit Sicherheit zu
handeln, ist, wenn man seine Rechnung
auf das Schlimmste macht.

Ludwig XIV.

Gläubiger haben ein besseres Gedächtnis
als Schuldner.

Benjamin Franklin

Wenn einer Geld hat,
darf er so dumm sein wie er will.

Ovid

Eine Masse gemünztes Gold und Silber verleiht selbst dem Unwahren Ansehen und Gewicht; man lässt die Lüge gelten, indem man die Barschaft beneidet.

Johann Wolfgang von Goethe

Gefolgschaft, mit Geld erkauft,
wird vom Geld zerstört.

Lucius Annaeus Seneca

Weder vom Körper noch vom Geld hängt es ab, ob ein Mensch glücklich ist, sondern ob er mit sich zurechtkommt oder immer etwas anderes will.

Demokrit

Wer Geld, aber keine Kinder hat,
ist nicht wirklich reich;
wer aber Kinder hat, aber kein Geld,
ist nicht wirklich arm.

Chinesisches Sprichwort

Zeit ist Geld –
das ist der vulgärste Ausspruch, den je ein
Zeitalter oder ein Volk gekannt hat.
Dreh ihn um und du erhältst eine
kostbare Wahrheit
- Geld ist Zeit.

George Robert Gissing

Mit Geld kann man einen wirklich
guten Hund kaufen, aber nicht sein
Schwanzwedeln.

Josh Billings

Wer viel Geld hat, hat viele Verwandte.

Französisches Sprichwort

Stell niemanden ein, der deine Arbeit für Geld macht, sondern den, der sie aus Liebe zu ihr macht.

Henry David Thoreau

Es ist gleich, ob du Geld hast oder nicht; wenn du kein Geld hast, hast du Unrecht.

Chinesisches Sprichwort

Durch das Geld vernichtet die Demokratie sich selbst, nachdem das Geld den Geist vernichtet hat.

Oswald Spengler

Geld und Gewissen sind unvereinbar.

Arabisches Sprichwort

Wenn einer sagt,
es gehe ihm nicht ums Geld,
sondern ums Prinzip,
dann geht es ihm bestimmt ums Geld.

Kurt Tucholsky

Wer das Geld liebt, bekommt vom Geld nie genug. Wer den Luxus liebt, hat nie genug Einnahmen – auch das ist Windhauch. Mehrt sich das Vermögen, so mehren sich auch die, die es verzehren.

Altes Testament

Der Geizige ist immer arm.

Horaz

Wer vorausbezahlt, wird immer schlecht bedient.

Portugiesisches Sprichwort

Man kann sein Geld nicht schlechter anlegen als in ungezogenen Kindern.

Wilhelm Busch

Wenn man von Bargeld lebt, kennt man die Ufer des Meeres, das man tagein, tagaus zu befahren hat. Kredit führt einen in dieser Beziehung in die Wüste, deren Ende nicht abzusehen ist.

Tschechow, Anton

Wer nur des Geldes willen Gutes tut, wartet nur darauf, besser bezahlt zu werden, um Schlechteres zu tun.

Jean-Jacques Rousseau

Wenn man arbeitet, hat man keine Zeit, Geld zu verdienen.

Jüdisches Sprichwort

Der Kapitalismus handelt nur nach den Geboten kältester Zweckmäßigkeit. Er kennt nicht Sentimentalität, nicht Tradition. Er würgt, wenn es sein muss, schnell und sicher den Verbündeten von gestern ab und fusioniert mit dem Feind.

Carl von Ossietzky

Was ist Geld?
Geld ist rund und rollt weg,
aber Bildung bleibt.

Heinrich Heine

Es ist leichter über Geld zu schreiben,
als es zu verdienen,
und diejenigen,
die es verdienen,
spotten daher viel über die,
welche nur darüber schreiben können.

Voltaire

Ein gesunder Mensch ohne Geld ist
halb krank.

Johann Wolfgang von Goethe

Jeder Mensch, dem sie eine Summe Geld leihen, glaubt nach Ablauf einer gewissen Zeit, der Betrag gehöre ihm.
Es ist dann nicht mehr ihr Geld, sondern das seine, und sie werden sein Gläubiger, also ein unbequemer Mensch.
Der Schuldner sucht sich ihrer dann dadurch zu entledigen, dass er eine Übereinkunft mit seinem Gewissen schließt.
Und fünfundsiebzig von hundert Leuten versuchen dann, ihnen für den Rest ihrer Lebenstage nicht wieder zu begegnen.

Honoré de Balzac

Der Hass, der Neid, das Geld;
wie gut sie hetzen können!

Paul Verlaine

In der Jugend sparen wir für das Alter
und im Alter für den Tod.

Italienisches Sprichwort

Schafft den Gewinn ab,
so wird es keine Diebe und Räuber
mehr geben.

Laotse

Alles ist teuer, was die Armen kaufen und
die Reichen verkaufen.

Spanisches Sprichwort

Ich zahle nicht gute Löhne,
weil ich viel Geld habe,
sondern ich habe viel Geld,
weil ich gute Löhne zahle.

Robert Bosch

Keine Kunst lernt eine Regierung schneller als die, Geld aus den Taschen der Leute zu ziehen.

Adam Smith

Aktionäre sind dumm und frech. Dumm, weil sie Aktien kaufen, und frech, weil sie dann noch Dividende haben wollen.

Carl Fürstenberg

Wer Almosen gibt, gewöhnt sich daran, Geld und Gut nicht mehr zu bewundern.

Johannes Chrysostomus

Die Priester nehmen die zehn Gebote und drängen sie in das Wort zusammen: Gib Geld!

Brigitta von Schweden

In unserer Zeit, die auf Geld und materielle Mittel sieht, beugt man sich weit bereitwilliger vor dem Manne mit dem großen Geldbeutel als vor dem Manne von Wissen und großen Geistesgaben, namentlich, wenn dieser das Unglück hat, arm zu sein und keinen Rang zu besitzen.

August Bebel

Genug zu haben ist Glück,
mehr als genug zu haben, ist Unglück.
Das gilt von allen Dingen,
aber besonders vom Geld.

Laotse

Wer nichts anderes tut als Geldverdienen, hat nicht mehr verdient als Geld.

Antoine de Saint-Exupéry

Das Geld ist nichts als ein kleines Stück Faulheit. Je mehr man davon hat, desto ausgiebiger wird man die Glückseligkeit der Faulheit kennen lernen. Im Kapitalismus ist die Arbeit auf eine Weise organisiert, die den Zugang zur Faulheit nicht allen Menschen gleichermaßen ermöglicht: Genießen kann die Faulheit nur, wer durch Kapital abgesichert ist. So hat sich die Klasse der Kapitalisten von dieser Arbeit befreit, von der sich die ganze Menschheit befreien muss.

Kasimir Malewitsch

Wo sich das Geld mehrt,
folgt die Sorge nach.

Horaz

Heirate nie des Geldes wegen
 - du leihst es billiger.

Schottisches Sprichwort

Der Ärzte Fehler werden mit Erde bedeckt und die der Reichen mit Geld.

Englisches Sprichwort

Es entstehen ja Kriege um den Besitz des Geldes willen.

Platon

Man muss dem Geld gebieten, nicht gehorchen.

Deutsches Sprichwort

Das Geld und nicht die Moral ist der Grundsatz der Handelsnationen.

Thomas Jefferson

Schlechte Ware ist niemals billig.

George Herbert

Für Geld wenig leisten ist Diebstahl.

Tseng Dse

Was klagt ihr über die vielen Steuern? Unsere Trägheit nimmt uns zweimal so viel ab, unsere Eitelkeit dreimal so viel und unsere Dummheit viermal so viel.

Benjamin Franklin

Die meisten Politiker verdienen freilich diese Bezeichnung nicht. Denn sie sind gar keine wirklichen Politiker; denn der Politiker bevorzugt eine ehrenvolle Tätigkeit um ihrer selbst willen. Die meisten wenden sich dieser Form des Lebens nur aus Geldgier und Habsucht zu.

Aristoteles

Im Unterschied zur Straßenbahn wird an der Börse zum Ein- und Aussteigen nicht geklingelt.

Carl Fürstenberg

Das Geld wird abgeschafft.
Ich kenne schon einen,
der nicht mehr viel hat.

Karl Marx

Nur der Unbegabte stiehlt,
der Kluge macht Geldgeschäfte.

Kurt Tucholsky

Gier macht den Menschen im Leben arm, denn die Fülle dieser Welt macht ihn nicht reich.
Glücklich ist, wer ohne Krankheit, reich, wer ohne Schulden.

Chinesisches Sprichwort

An der Börse geht es darum,
das Richtige zu tun,
ohne zu wissen warum.

Quelle unbekannt

Die Sicherheit des Kleinen beruht auf der Sicherheit des Großen, die Sicherheit des Großen beruht auf der Sicherheit der Kleinen. Kleine und Große, Vornehme und Geringe sind aufeinander angewiesen, damit alle ihre Freude genießen können.

Lü Bü We

Manche verbergen sich vor der Wahrheit wie vor einem Gläubiger, den man nicht bezahlen kann.

Bettina von Armin

Kredit ist schlummerndes Mißtrauen.

Thomas Paine

Manche Menschen sind bereit, für ihre Sicherheit die größten Risiken einzugehen.

Henriette Wilhelmine Hanke

Anfangs bestand der Effektenhandel aus der einfachen und gelegentlichen Übertragung von Aktien. Aber durch die Emsigkeit der Börsenmakler, welche das Geschäft in die Hand bekamen, wurde es ein Handel, und zwar einer, der vielleicht mit den größten Intrigen und Listen betrieben wurde, die nur je unter der Maske der Ehrlichkeit zu erscheinen wagte.

Daniel Defoe

Der große Jammer mit den
Menschen ist,
dass sie so genau wissen,
was man ihnen schuldet,
und so wenig Empfindung dafür
haben, was sie anderen schulden.

Franz von Sales

Schulden machen ist so einfach wie
Beischlaf. Aber sie zurückzuzahlen
ist so schwer wie das Austragen
eines Kindes.

Sumerische Keilschrift ca. 3000 Jahre v. Chr.

Eine Aktiengesellschaft ist eine
raffinierte Einrichtung
zur persönlichen Bereicherung
ohne persönliche Verantwortung.

Ambrose Gwinnett Bierce

Drei Dinge kommen unangemeldet
ins Haus:
Alter, Schulden und Tod.

Quelle unbekannt

Genieße was du hast,
als ob du noch heute sterben solltest,
aber spar es auch,
als ob du ewig lebtest.
Der allein ist weise, der, beide eingedenk, im Sparen zu genießen, im Genuß zu sparen weiß.

Christoph Martin Wieland

Ich kann zwar die Bahn der Gestirne auf Zentimeter und Sekunde berechnen, aber nicht, wohin eine verrückte Menge einen Börsenkurs treiben kann.

Isaac Newton

Es gibt keine risikofreie Gesellschaft. Selbst ein tugendhaftes Leben hat seine Risiken, wie ein Sprichwort sagt:
„Wenn ein Mann und Frau zeitig zu Bett gehen, um Kerzen zu sparen, werden sie schließlich mit Zwillingen belohnt."

Mayer Amschel Rothschild

Der Kredit ist eine durch reale Leistungen erzeugte Idee der Zuverlässigkeit.

Johann Wolfgang von Goethe

Das Vergnügen Geld zu verdienen,
ist mit dem Vergnügen,
Geld zu besitzen,
nicht zu vergleichen.

Cornelius Vanderbilt

Wer Geld besitzt, denkt unaufhörlich darüber nach, was er tun kann, um es zu vermehren. Wer einmal damit beginnt, sein Geld arbeiten zu lassen, nimmt nicht enden wollende Sorgen auf sich und sein ganzer Seelenfrieden ist dahin.

Li Liweng

Der Geiz versteckt sich gern unter dem Namen der Sparsamkeit.

Gregor I. der Große

Ich lese keine Zeitungen. Was wirklich wichtig ist, erfahre ich an der Börse.

Mayer Amschel Rothschild

Geld ist das zweite Blut.

Johann Wolfgang von Goethe

Geiz und Glück werden sich niemals kennenlernen.

Benjamin Franklin

Geld sammeln,
das durch Gewalt erworben wurde,
und damit Menschen helfen wollen,
die durch Gewalt zu Bettlern
gemacht worden sind, heißt,
mit Gewalt Wunden heilen,
welche Gewalt geschlagen hat.

Leo Tolstoi

Das Schöne bei Aktiengeschäften ist,
dass man 100% und mehr gewinnen,
aber nie mehr als 100% verlieren
kann.

Quelle unbekannt

Geld ist scheu wie ein Reh.

Deutsches Sprichwort

Niveau ist kein Kontostand.

Quelle unbekannt

Wer die absolute Sicherheit sucht, findet Verzweiflung.

Quelle unbekannt

Wir borgen oft von der Zukunft, um die Schulden aus der Vergangenheit zu bezahlen.

Khalil Gibran

Schulden lassen die Lügen hinter sich aufsitzen.

Quelle unbekannt

Vornehme Schuldner- schlechte Zahler.

Deutsches Sprichwort

Die Sparsamkeit ist keine Tugend. Denn zur Sparsamkeit oder zum Sparen gehört weder Geschicklichkeit noch Talent. Wenn wir sie mit der Verschwendung gegeneinander halten, so gehört dazu, um ein Verschwender mit Geschmack zu sein, weit mehr Talent und Geschicklichkeit als zum Sparen, denn Geld ablegen kann auch der Dümmste. Unter den Verschwendern findet man aber aufgeweckte und geistreiche Personen.

Immanuel Kant

Worte sparen heißt, Gedanken anlegen, verzinsen und im richtigen Augenblick auszahlen.

Quelle unbekannt

Ich habe bei meinen Börsenspekulationen nie zu den Dummköpfen gehört, die immer wieder den unmöglichen Versuch machen, nur zum niedrigsten Kurs zu kaufen und zum höchsten zu verkaufen.

Mayer Amschel Rothschild

Besser wenig Besitz,
der ehrlich verdient ist,
als großer Reichtum,
durch Betrug erschlichen.

Altes Testament

Geld hat noch keinen reich gemacht.

Lucius Annaeus Seneca

Nicht das Geld ist tadelnswert,
sondern die unersättliche Habgier.

Aurelius Augustinus

Lass die Wall Street mal einen Alptraum erleben, dann muss das ganze Land helfen, sie wieder ins Bett zu bringen.

William Penn Adair Rogers

Wer den Credit verloren hat, der ist tot für die Welt.

Deutsches Sprichwort

Es gibt keine Sicherheit, nur verschiedene Grade der Unsicherheit.

Anton Tschechow

Es ist besser, ohne Abendbrot zu Bette zu gehen, als mit Schulden zu erwachen.

Sebastian Willibald Schießler

Ein gutes Leben hat nur selten einen Menschen ruiniert.
Was den Menschen in den Ruin treibt sind die dummen Geschäfte.

Carl Fürstenberg

Wollten wir etwas besitzen, so müssten wir auch Waffen zu unserer Verteidigung haben. Daher kommt ja Streit und Krieg, die die Liebe zu Gott und den Menschen hindern.

Franz von Assisi

Kein Geld ist vorteilhafter angelegt als das, um welches wir uns haben prellen lassen, denn wir haben dafür unmittelbar Klugheit eingehandelt.

Arthur Schopenhauer

Geld fährt auf hohen Schlitten,
Armut muss zu Fuß gehen.

Deutsches Sprichwort

Mehr Kredit als Geld,
so kommt man durch die Welt.

Johann Wolfgang von Goethe

Verbrecher verlangen Geld oder
Leben, Frauen beides.

Samuel Butler

Auch Geld ist etwas Gutes, aber erst
dann, wenn es seinen Besitzer nicht
beherrscht und den Nächsten der
Armut entreißt.

Johannes Chrysostomus

Auf Reise fürchte ich immer, nicht genug Geld mit zu haben, und je mehr ich mitgenommen habe, umso mehr drückte mich die Besorgnis, einmal, ob die Wege sicher wären, ein andermal, ob ich mich auf die Leute, die mein Gepäck besorgten, verlassen könnte, hierüber war ich nur beruhigt, wie das auch meinen Bekannten so geht, wenn ich mein Gepäck selbst überwachte.

Michel de Montaigne

Geld:
Einer hat´s,
der andere hat´s gehabt,
der Dritte hätt es gern.

Deutsches Sprichwort

Börse: Thermometer der öffentlichen Meinung.

Gustave Flaubert

Geld mag die Schale für vieles sein,
aber nicht der Kern.
Es verschafft dir Essen, aber nicht
Appetit,
Medizin, aber nicht Gesundheit,
Möglichkeiten zum Kennenlernen,
aber nicht Freunde,
Diener, aber nicht Treue,
Tage der Freude, aber nicht Frieden
noch Glück.

Henrik Ibsen

Am Gelde riecht man es nicht,
womit es verdient ist.

Deutsches Sprichwort

Geld pumpen und Gefälligkeiten
erbitten darf man immer nur bei
Fremden.

Theodor Fontane

Ein Dummkopf und sein Geld
sind bald getrennt.

Englisches Sprichwort

Ein Mann, der sowohl Geld ausgibt,
als auch Geld spart,
ist der zufriedenste Mann,
denn er hat beide Vergnügen.

Samuel Johnson

Jeder ungerechte Gewinn
bringt Schaden mit sich.

Menandros

Das Geld ist das Fett des politischen
Körpers. Ein Zuviel behindert seine
Beweglichkeit, ein Zuwenig macht
ihn krank.

William Petty

Was hilft das Geld in der Kiste, wenn der Teufel den Schlüssel dazu hat.

Deutsches Sprichwort

Es gibt drei Bekehrungen:
die Bekehrung des Herzens,
des Verstandes, des Geldbeutels.

Martin Luther

Manche Menschen glauben Geschenke zu machen, wenn sie ihre Schulden bezahlen.

Quelle unbekannt

Was macht man nicht alles für Geld!
sprach der Narr,
da sah er einen Affen.

Deutsches Sprichwort

Schulden sind gewissermaßen der Katzenjammer längst vergangener Genüsse.

Georg Weerth

Als zum ersten Mal das Wort „Friede" ausgesprochen wurde, entstand auf der Börse eine Panik.
Sie schrien auf im Schmerz:
Wir haben verdient!
Lasst uns den Krieg!
Wir haben den Krieg verdient!

Karl Kraus

Man muss des Geldes Herr, nicht Diener sein.

Lucius Annaeus Seneca

Zins und Miete schlafen nicht.

Deutsches Sprichwort

Der Reingewinn ist der Teil der Bilanz, den der Vorstand beim besten Willen nicht mehr vor den Aktionären verstecken kann.

Carl Fürstenberg

Dreierlei Menschen haben kein Geld: Die Verschwender, die Armen und die Geizigen.

Peter Altenberg

Geld kannst du verlieren, aber nie den Ruf.

Robert Bosch

Solange der Schuldner mein Geld braucht, muss er mir Zins davon geben.

Deutsches Sprichwort

Für Börsenspekulationen ist der Februar einer der gefährlichsten Monate. Die anderen sind Juli, Januar, September, April, November, Mai, März, Juni, Dezember, August und Oktober.

Mark Twain

Gib dein Geld nie aus, bevor du es hast.

Thomas Jefferson

Das Üble am Sparen ist, dass man nicht weiß, ob man für das Leben oder den Tod spart.

Ramon Gomez de la Serna

Bei Geld ist gut wohnen.

Deutsches Sprichwort

Wenn der Staat pleite macht,
geht natürlich nicht
der Staat pleite,
sondern der Bürger.

Carl Fürstenberg

Arbeitet denn jemand gern?
Warum arbeitet man aber trotzdem?
Weil das durch Arbeit gewonnene
Geld mehr Vergnügen bereitet, als
die Arbeit selbst Unlust verursacht.

Arthur Conan Doyle

Wer sich das Denken spart,
muss beim Klagen investieren.

Quelle unbekannt

Als erstes im Bankgeschäft lernt man
den Respekt vor Nullen.

Carl Fürstenberg

Kann sich irgendwer erinnern, dass die Zeiten einmal nicht hart und das Geld nicht knapp waren?

Ralph Waldo Emerson

Wer kein Geld hat, hat auch keinen Mut. Er fürchtet, überall zurückgesetzt zu werden, glaubt, jede Demütigung ertragen zu müssen und zeigt sich allerorten in ungünstigem Licht.

Adolph Freiherr von Knigge

Wer Geld leihen will,
küsst einem die Hand.

Altes Testament

Was wir zu billig erwerben,
schätzen wir zu gering.

Thomas Paine

Geld wurde erfunden, um Tauschhandlungen zu tätigen.
Und deshalb ist es an sich unerlaubt, für den Gebrauch des geliehenen Geldes eine Belohnung zu nehmen, die man Zins nennt.

Thomas von Aquin

Nicht die Reichen zahlen, sondern die Ehrlichen.

Jüdisches Sprichwort

Die kapitalistische Wirtschaftsordnung braucht diese rücksichtslose Hingabe an den Beruf des Geldverdienens.

Max Weber

Und es herrscht der Erde Gott, das Geld.

Friedrich Schiller

Niemand vermag zu sagen, wie viele politische Dummheiten aus Mangel an Geld verhindert worden sind.

Charles Maurice de Talleyrand

Schulden und Krebs sind unheilbare Übel.

Deutsches Sprichwort

Willst du den Wert des Geldes kennen lernen, dann geh und versuche dir welches zu borgen.

Benjamin Franklin

Zeit ist wie Geld, vergeude sie nicht, und du wirst genug davon haben.

Francois Gaston de Lévis

Wenn Menschen einen guten Rat kostenlos geben, werden sie verlacht. Wenn sie ihn gegen teures Geld abgeben, werden sie geachtet.

Georg Christoph Lichtenberg

Man muss den Leuten nie mehr Geld aus der Tasche ziehen wollen, als wirklich drin ist, denn sonst merken sie es.

Kurt Tucholsky

Es gibt zwei Zeiten im menschlichen Leben, in denen man nicht spekulieren sollte: Wenn man es sich nicht leisten kann und wenn man es kann.

Mark Twain

Es gibt kaum etwas auf der Welt, das nicht irgendjemand ein wenig schlechter und etwas billiger verkaufen könnte, und die Menschen, die sich nur am Preis orientieren, werden gerechte Beute solcher Machenschaften.

John Ruskin

Im Allgemeinen besteht die Kunst des Regierens darin, so viel Geld wie möglich einer Gruppe von Bürgern zu nehmen, um es einer anderen zu geben.

Voltaire

Personenregister

Altenberg, Peter (09.03.1859 – 08.01.1919)
Österreichischer Schriftsteller
Stammgast im Café Central in Wien

Aristoteles (384 v.Chr. -322 v.Chr.)
Griechischer Philosoph
Schüler von Platon, Begründer der Wissenschaftstheorie und Staatstheorie etc.

Augustinus, Aurelius (13.11.354 – 28.08.430)
Lateinischer Kirchenlehrer, Bischof von Hippo
Theologe der christlichen Spätantike

Bebel, August (22.02.1840 – 13.08.1913)
Deutscher Politiker und Publizist
Sozialistischer Parlamentarier im deutschen Reichstag

Bierce, Ambrose Gwinnett (24.06.1842 – 1914)
Amerikanischer Schriftsteller und Journalist

Billings, Josh (1818 – 14.10.1885)
Amerikanischer Schriftsteller

Bosch, Robert (23.09.1861 – 12.03.1942)
Deutscher Industrieller und Erfinder (Bosch-Zündkerze, Schlagbohrmaschine)

Brigitta von Schweden (1303 – 23.07.1373)
Mystikerin und Ordensgründerin
Heilige der römisch-katholischen Kirche

Busch, Wilhelm (15.04.1832 – 09.01.1908)
Deutscher humoristischer Zeichner und Dichter
(Max und Moritz, Die fromme Helene usw.)

Butler, Samuel (04.12.1835 - 18.06.1902)
Britischer Schriftsteller

Chrysostomus, Johannes (um 344 – 14.09.407)
Erzbischof von Konstantinopel
Kirchenlehrer der östlichen Kirche

de Balzac, Honoré (20.05.1799 – 18.08.1850)
Französischer Schriftsteller
(Romanzyklus "Die menschliche Komödie")

de Lévis, Francois Gaston (20.08.1719 – 26.11.1787)
Französischer Adeliger und Offizier

de Montaigne, Michel (28.02.1533 – 13.09.1592)
Französischer Politiker und Philosoph
Begründer der Essayistik

de Saint-Exupéry, Antoine (29.06.1900 – 31.07.1944)
Französischer Schriftsteller (Der kleine Prinz)
Pilot im 2. Weltkrieg, verschollen nach einem Aufklärungsflug

de Talleyrand, Charles Maurice (02.02.1754 – 17.05.1834)
Französischer Diplomat
Außenminister unter Napoleon

Defoe, Daniel (1660 – 05.05.1731)
Englischer Schriftsteller (Robinson Crusoe)

Demokrit (460 v.Chr. – 371 v.Chr.)
Griechischer Philosoph
Wissenschaftliche Schriften über Mathematik, Physik, Logik und Ethik

Doyle, Arthur Conan (22.05.1859 – 07.07.1930)
Britischer Schriftsteller (Sherlock Holmes) und Arzt

Emerson, Ralph Waldo (25.05.1803 – 27.04.1882)
Amerikanischer Philosoph und Schriftsteller

Fénélon (06.08.1651 – 07.01.1715)
Französischer Erzbischof und Schriftsteller

Flaubert, Gustave (12.12.1821 – 08.05.1880)
Französischer Schriftsteller (Madame Bovary)

Fontane, Theodor (30.12.1819 – 20.09.1898)
Deutscher Schriftsteller und Apotheker
(Herr Ribbeck von Ribbeck im Havelland, Effie Briest)

Franklin, Benjamin (17.01.1706 – 17.04.1790)
Amerikanischer Staatsmann, Verleger, Schriftsteller,
Erfinder (Blitzableiter)
Er gehört zu den Gründungsvätern der Vereinigten Staaten
von Amerika

Fürstenberg, Carl (28.08.1850 – 09.02.1933)
Deutscher Bankier (Berliner Handelsgesellschaft)

Gibran, Khalil (06.01.1883 – 10.04.1931)
Libanesisch-amerikanischer Philosoph und Dichter

Gissing, George Robert (22.11.1857 – 28.12.1903)
Englischer Schriftsteller

Gregor I. der Große (540 – 12.03.604)
Papst, lateinischer Kirchenvater und Heiliger
Er legte fest, dass der Bischof von Rom den Titel „Papst" als
Amtsbezeichnung führt.

Hanke, Henriette Wilhelmine (24.06.1785 – 15.07.1862)
Deutsche Schriftstellerin der Spätromantik

Heine, Heinrich (13.12.1797 – 17.02.1856)
Deutscher Dichter und Schriftsteller
(Deutschland ein Wintermärchen, Reisebilder)

Herbert, George (03.04.1593 – 01.03.1633)
Englischer Schriftsteller

Horaz (65 v.Chr. – 8 v.Chr.)
Römischer Dichter (Carmina)

Ibsen, Henrik (20.03.1828 – 23.05.1906)
Norwegischer Dramatiker und Lyriker (Peer Gynt)

Ingersoll, Robert Green (11.08.1833 – 21.07.1899)
Amerikanischer Politiker

Jefferson, Thomas (13.04.1743 – 04.07.1826)
3. Präsident der Vereinigten Staaten von Amerika
Mitbegründer der demokratisch-republikanischen Partei

Johnson, Samuel (18.09.1709 – 13.12.1784)
Englischer Gelehrter und Schriftsteller

Kant, Immanuel (22.04.1724 – 12.02.1804)
Deutscher Philosoph der Aufklärung
(Kritik der reinen Vernunft)

Kraus, Karl (28.04.1874 – 12.06.1936)
Österreichischer Schriftseller
Gründer der Zeitschrift „Die Fackel"

Laotse (6. Jahrhundert v.Chr.)
Chinesischer Philosoph

Lichtenberg, Georg Christoph (01.07.1742 – 4.02.1799)
Deutscher Mathematiker und Schriftsteller
Erster deutscher Professor für Experimentalphysik

Liweng, Li (1611 – 1680)
Chinesischer Gelehrter

Ludwig XIV. (05.09.1638 – 01.09.1715)
Französischer König des Absolutismus
Der "Sonnenkönig" regierte 72 Jahre

Lü Bü We (um 300 v.Chr. – ca. 235 v.Chr.)
Chinesischer Kaufmann und Politiker

Malewitsch, Kasimir (23.02.1878 – 15.05.1935)
Russischer Maler
Begründer des Suprematismus

Marx, Karl (05.05.1818 – 14.03.1883)
Deutscher Ökonom und Philosoph
Gesellschaftstheoretiker und Gesellschaftskritiker
(Das Kapital)

Menandros (342 v.Chr. – 290 v.Chr.)
Griechischer Komödiendichter

Newton, Isaac (25.12.1642 – 20.03.1726)
Englischer Naturforscher
(Gravitationsgesetz, Mechanik, Optik)

Ovid (43 v.Chr. – 17 n.Chr.)
Römischer Dichter

Paine, Thomas (29.01.1736 – 08.06.1809)
Britisch-amerikanischer Intellektueller

Petty, William (27.05.1623 – 16.12.1687)
Englischer Ökonom
Gründungsmitglied der Royal Society

Platon (425 v.Chr. – 347 v.Chr.)
Griechischer Philosoph und Schüler des Sokrates
Gründung der Platonischen Akademie
Älteste Philosophenschule Griechenlands

Pope, Alexander (21.05.1688 – 30.05.1744)
Englischer Dichter
Übersetzer von Homers Ilias und Odyssee

Rogers, William Penn Adair (04.11.1879 – 15.08.1935)
Amerikanischer Schauspieler und Komiker

Rousseau, Jean-Jacques (28.06.1712 – 02.07.1778)
Französischsprachiger Philosoph der Aufklärung
(geboren in Genf, gestorben in Paris)

Rothschild, Mayer Amschel (23.02.1744 – 19.09.1812)
Deutsch-jüdischer Bankier
Gründer des Hauses Rothschild

Ruskin, John (08.02.1819 – 20.01.1900)
Englischer Schriftsteller und Maler

Schießler, Sebastian Willibald (17.07.1791 – 15.03.1867)
Österreichischer Schriftsteller

Schiller, Friedrich (10.11.1759 – 09.05.1805)
Deutscher Dichter
(Die Räuber, Kabale und Liebe, Wilhelm Tell,
Lied von der Glocke)

Schopenhauer, Arthur (22.02.1788 – 21.09.1860)
Deutscher Philosoph und Autor
(Über das Sehn und die Farben)

Seneca, Lucius Annaeus (1 n.Chr. – 65 n.Chr.)
Römischer Philosoph und Politiker

Shakespeare, William (26.04.1564 – 03.05.1616)
Englischer Dramatiker
(Hamlet, Othello, Macbeth, Der Widerspenstigen Zähmung, Der Kaufmann von Venedig)

Smith, Adam (16.06.1723 – 17.07.1790)
Schottischer Aufklärer und Philosoph
Begründer der klassischen Nationalökonomie

Spengler, Oswald (29.05.1880 – 08.05.1936)
Deutscher Geschichtsphilosoph

Tschechow, Anton (29.01.1860 – 15.07.1904)
Russischer Schriftsteller
(Die Möwe, Drei Schwestern, Der Kirschgarten)

Thoreau, Henry David (12.07.1817 – 06.05.1862)
Amerikanischer Schriftsteller und Philosoph

Tolstoi, Leo (09.09.1828 – 20.11.1910)
Russischer Schriftsteller
(Krieg und Frieden, Anna Karenina)

Tseng Dse
Chinesischer Philosoph

Tucholsky, Kurt (09.01.1890 – 21.12.1935)
Deutscher Schriftsteller und Journalist
Linker Intellektueller

Twain, Mark (30.11.1835 – 21.04.1910)
Amerikanischer Schriftsteller
(Tom Sawyer, Huckleberry Finn)

Vanderbilt, Cornelius (27.05.1794 – 04.01.1877)
Amerikanischer Unternehmer
„Schiffs- und Eisenbahnkönig"

Verlaine, Paul (30.04.1844 – 08.01.1896)
Französischer Lyriker

Voltaire (21.11.1694 – 30.05.1778)
Französischer Philosoph und Schriftsteller der Aufklärung

von Aquin, Thomas (1225 – 07.03.1274)
Dominikaner, Kirchenlehrer der römisch-katholischen Kirche

von Assisi, Franz (1181 – 03.10.1226)
Heiliger der römisch-katholischen Kirche
Ordensgründer der Franziskaner

von Arnim, Bettina (04.04.1785 – 20.01.1859)
Deutsche Schriftstellerin der Romantik

von Droste-Hülshoff, Annette (10.01.1797 – 24.05.1848)
Deutsche Dichterin und Schriftstellerin

von Goethe, Johann Wolfgang (28.08.1749 – 22.03.1832)
Deutscher Dichter, Advokat und Minister
(Die Leiden des jungen Werthers, Reinecke Fuchs, Faust,
Der Erlkönig, Der Zauberlehrling)

von Ihering, Rudolf (22.08.1818 – 17.09.1892)
Deutscher Rechtswissenschaftler

von Knigge, Adolph Freiherr (16.10.1752 – 06.05.1796)
Deutscher Schriftsteller
(Über den Umgang mit Menschen)

von Ossietzky, Carl (03.10.1889 – 04.05.1938)
Deutscher Journalist und Pazifist
Friedennobelpreis 1935

von Sales, Franz (21.08.1567 – 28.12.1622)
Fürstbischof von Genf
Ordensgründer und Kirchenlehrer

von Siemens, Georg (21.10,1839 – 23.10.1901)
Deutscher Bankier und Politiker

Weber, Max (21.04.1864 – 14.06.1920)
Deutscher Nationalökonom und Soziologe

Weerth, Georg (17.02.1822 – 30.07.1856)
Deutscher Schriftsteller

Wesley, John (17.06.1703 – 02.03.1791)
Englischer Prediger
Begründer der methodistischen Bewegung

Wieland, Christoph Martin (05.09.1733 – 20.01.1813)
Deutscher Dichter der Aufklärung

Wilde, Oscar (16.10.1854 – 30.11.1900)
Irischer Schriftsteller

Quellennachweis

Bertelsmann Universal-Lexikon
ISBN 3-577-10043-5

Allgemeinbildung XXL
ISBN 3-8174-5086-9

Bertelsmann Wörterbuch der deutschen Sprache
2004

Karl Simrock
Die deutschen Volksbücher
Fünfter Band „Die deutschen Sprichwörter"
1863

Wikipedia

archive.org